Luis Cruz-Villalobos

Del Instante

FOTOPOESÍA

•᳭•

Independently
Poetry

—[*fotologos*]—

Del Instante. Fotopoesía
© Luis Cruz-Villalobos, 2015, 2020

© Independently, 2020
Poetry Section | Fotologos Collection
Santiago de Chile

Todas las fotografías de esta obra son propiedad del mismo autor
y fueron realizadas durante el año 2015

ISBN: 9798628767405

Libro impreso en los Estados Unidos de América

A mi hijo Pablo

*¿El ser es algo distinto,
más profundo, más estable y más oculto,
que su "evento"?*

Gianni Vattimo

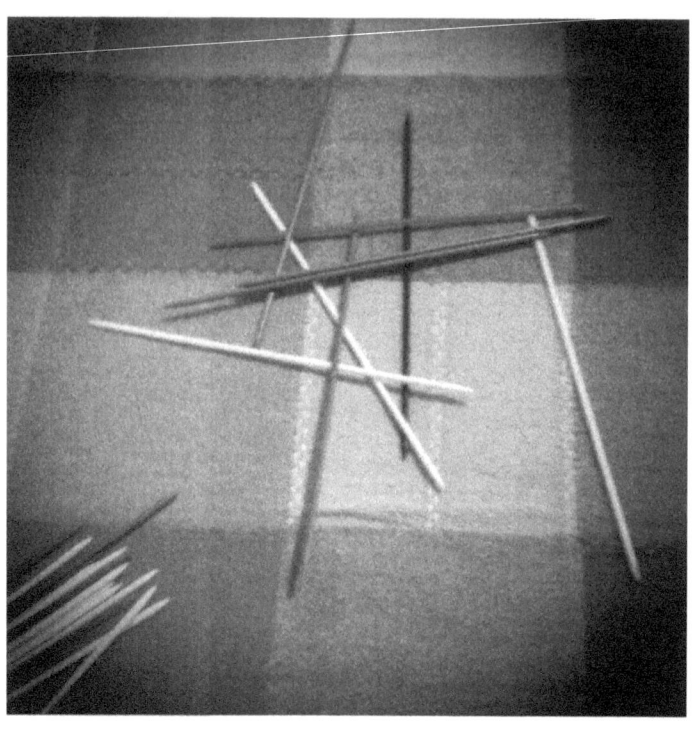

1

El color mira
Nuestros ojos apagados
Y los enciende
Como una braza pequeña
Que hace arder el bosque

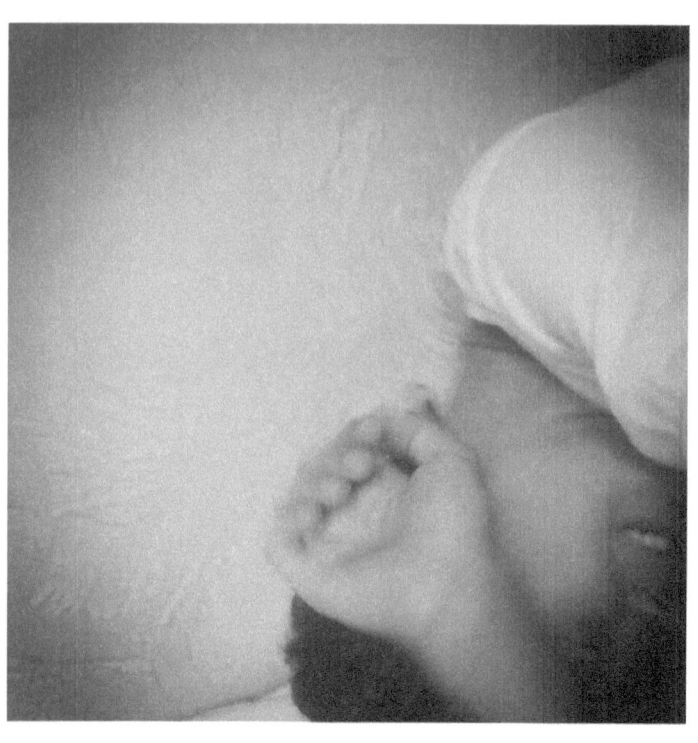

2

Ríe hijo mío
Nunca tardes tu carcajada así
Como un arroyo
Que sacia mi honda sed de luz
Y de sentido amable y vital

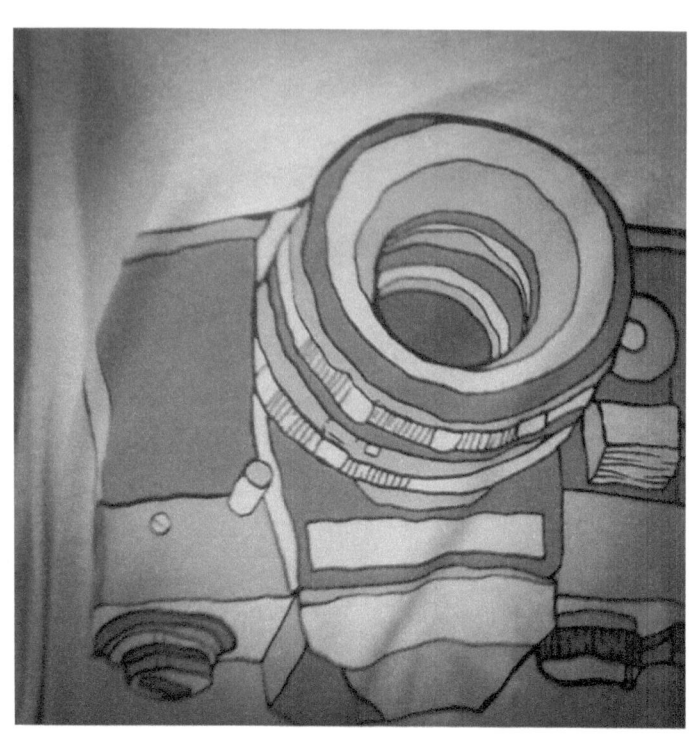

3

Quiero atraparte
Breve instante veloz y lúcido
Que me compones
Quiero atraparte con mi mano
Y con estos lúcidos arterfactos

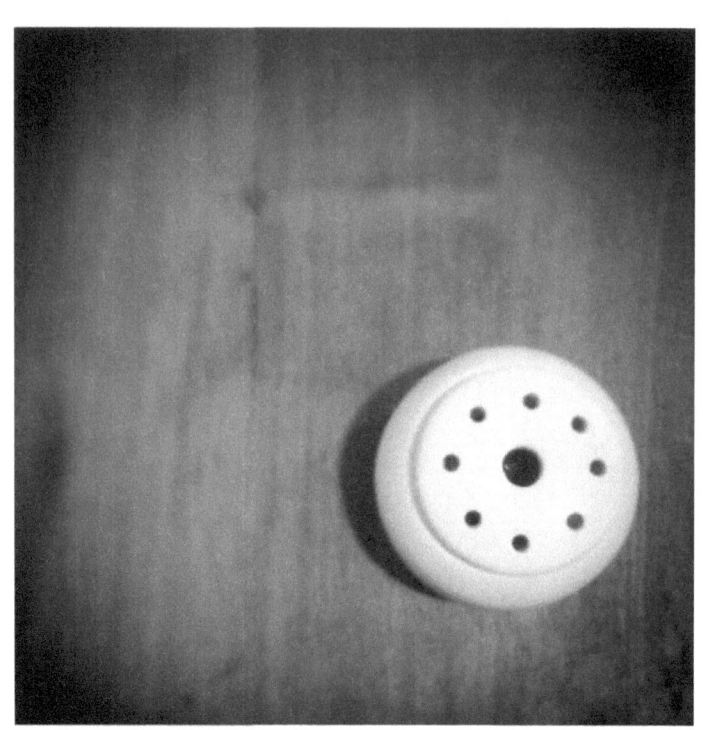

4

La sencillez
Sabe el nombre exacto
De lo real
Y nunca tiene miedo
A ser pasada por alto

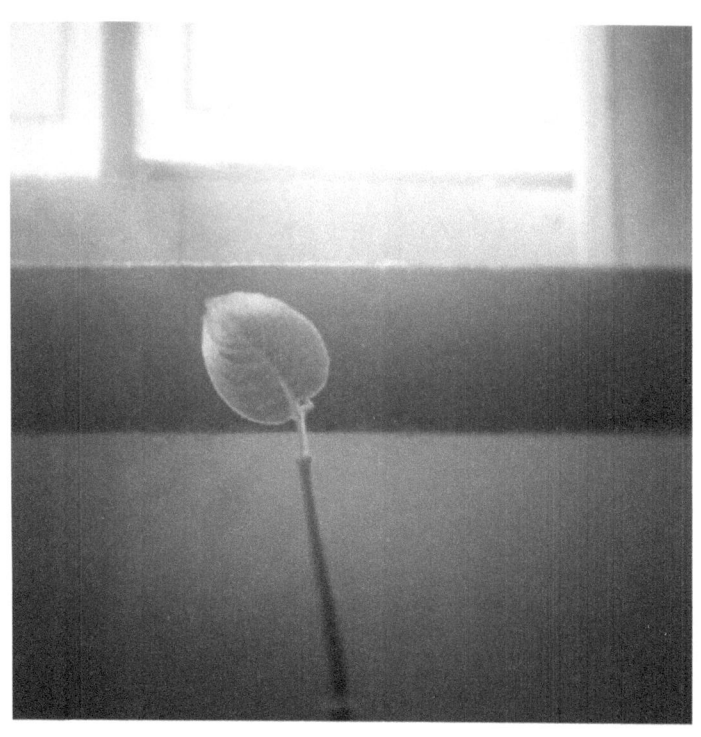

5

Delicadeza ven
Quédate en mi regazo hoy
Y transforma
Toda mi violento mal
En ternura que crece

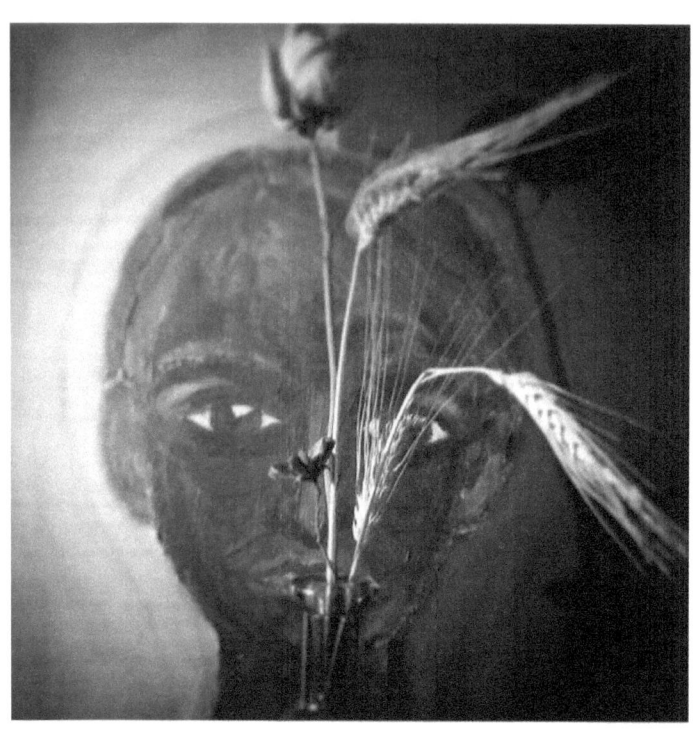

6

Creación humana
Intentos fugacez y furtivos
De querer asir
Lo que escapa a las redes
De la palabra y el símbolo

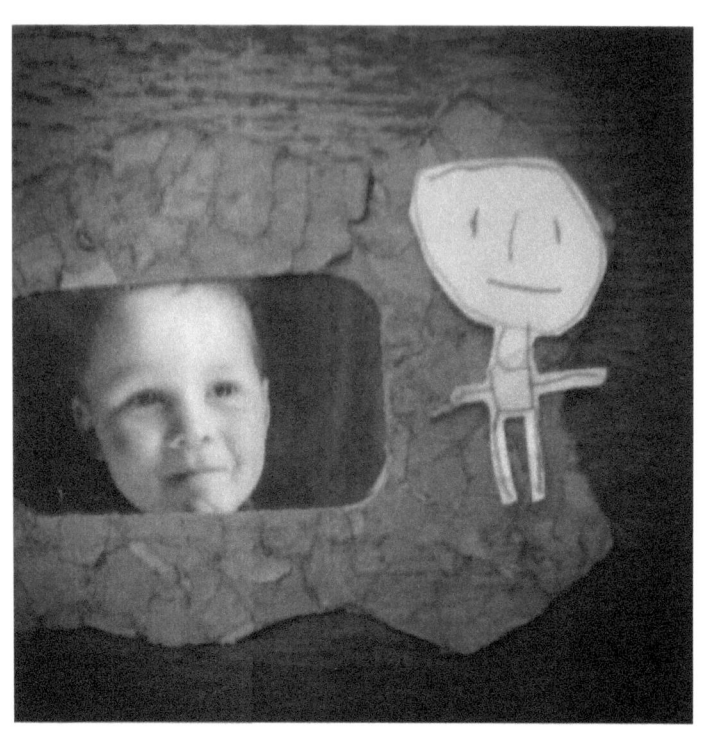

Yo pido hoy
Al cielo del cielo que siga
Vistiéndose
De los rostros y gestos
Del amor de mis hijos

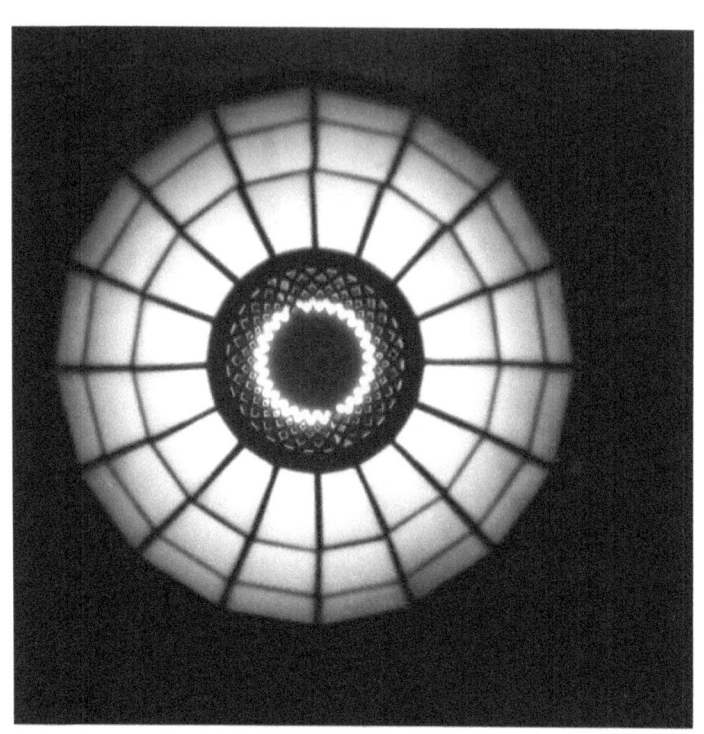

Luz que cruza
El espacio casi infinito
De la oscuridad
Y la vence como guerrera
Que no tiene miedo jamás

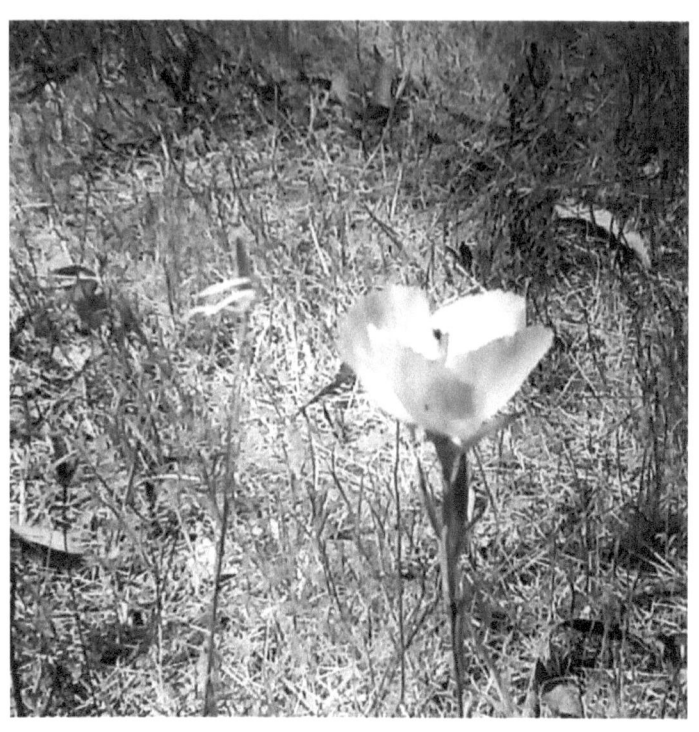

9

La flor frágil
Sabe todo lo necesario
Para surgir
Como una exploción
De vida que se entrega

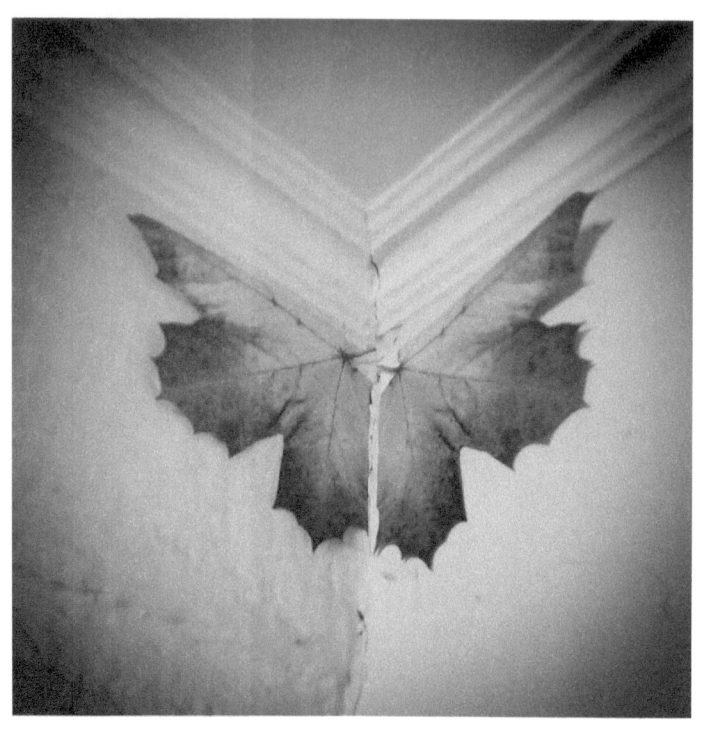

Mariposa otoñal
Seca mariposa que ya no estás
Ven a mí recuerdo
Y déjame cantar a tu honor
Como quien alza una bandera

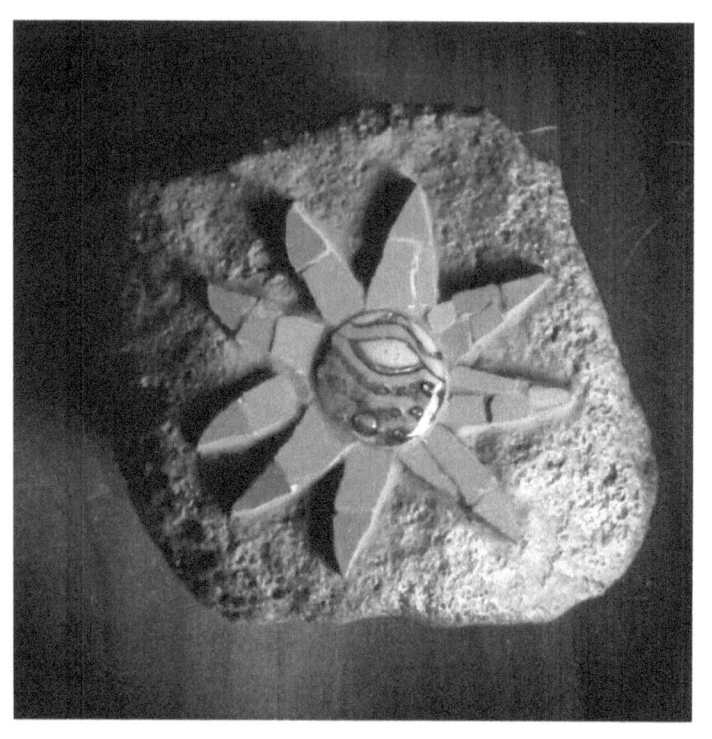

11

Sol diminuto
Enciéndete justo aquí en medio
De mi pecho calmo
Para que pueda llevarte feliz
Por las calles de nuestra noche

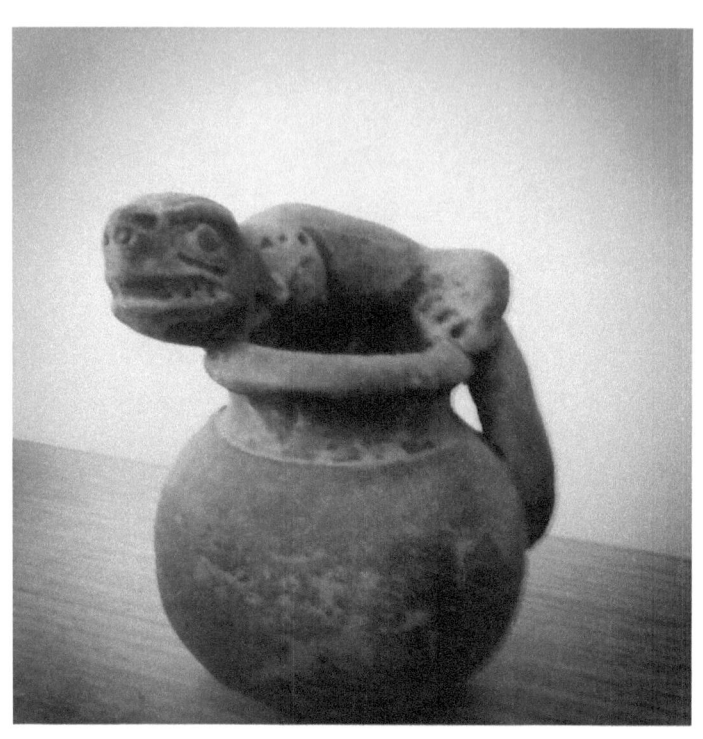

12

Cuando te mire
La tentación seductora y oscura
No creas nunca
En el brillo hermoso de su ojos
Ni el perfume de su instante

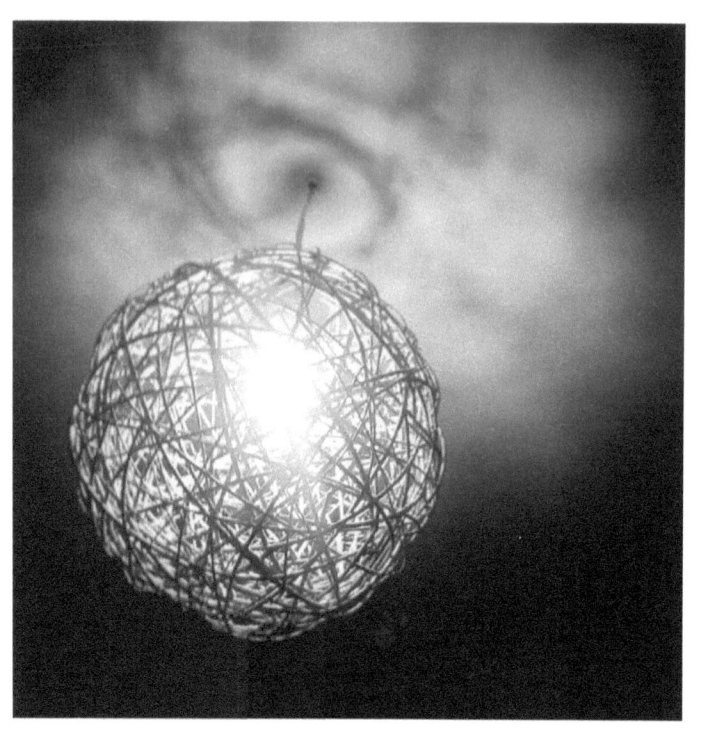

13

Quiero atrapar al sol
Con mis manos de mimbre
Y llevarlo conmigo
A esas tierras baldías y yertas
Donde lo esperan con ansias

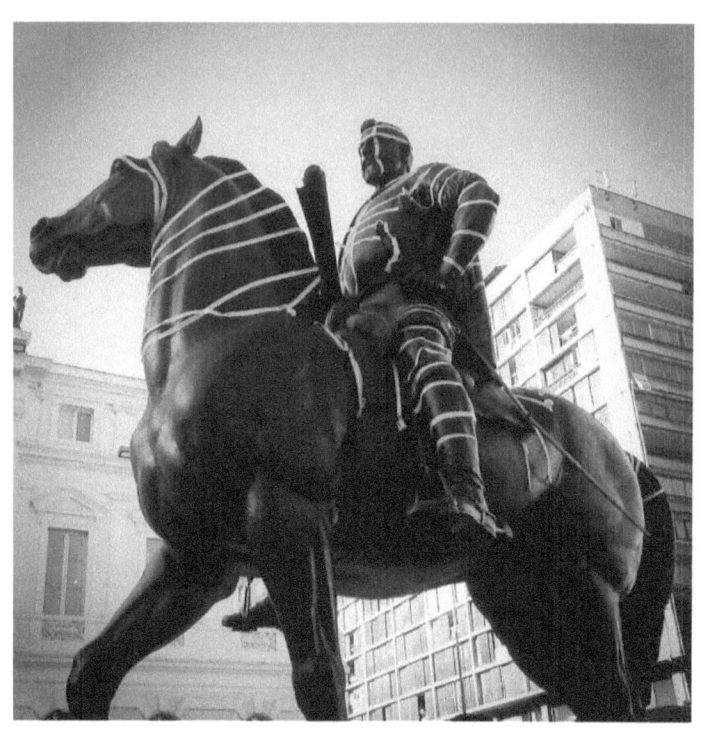

14

Quiénes vienen allí
Con sus pasos cargados de sed
De oro y plata muerta
Que solo logrará convertirse aquí
En sangre vertida por los campos

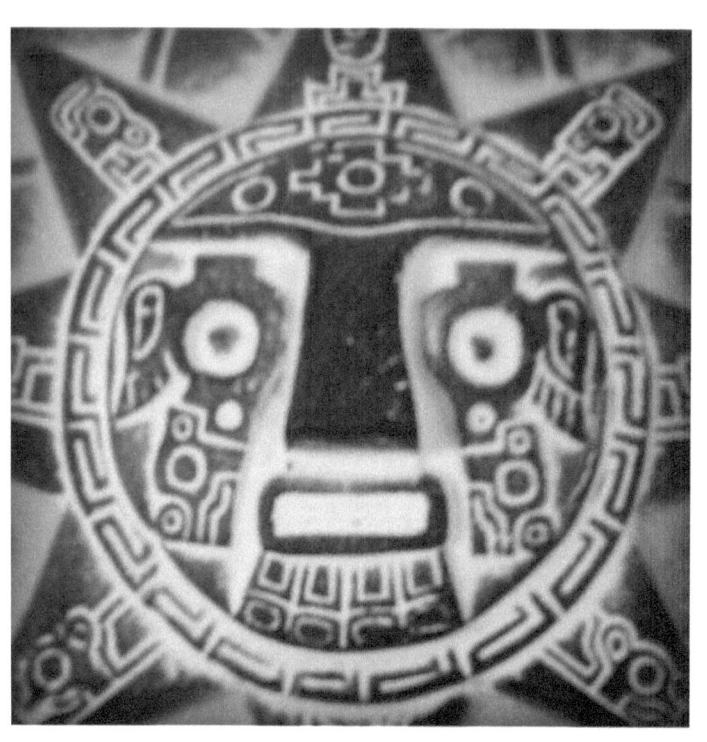

15

El sol hermano
Se ha vestido con sus galas
Para salir a saludar
A sus más pequeñas amigas
Las flores que imitan su traje

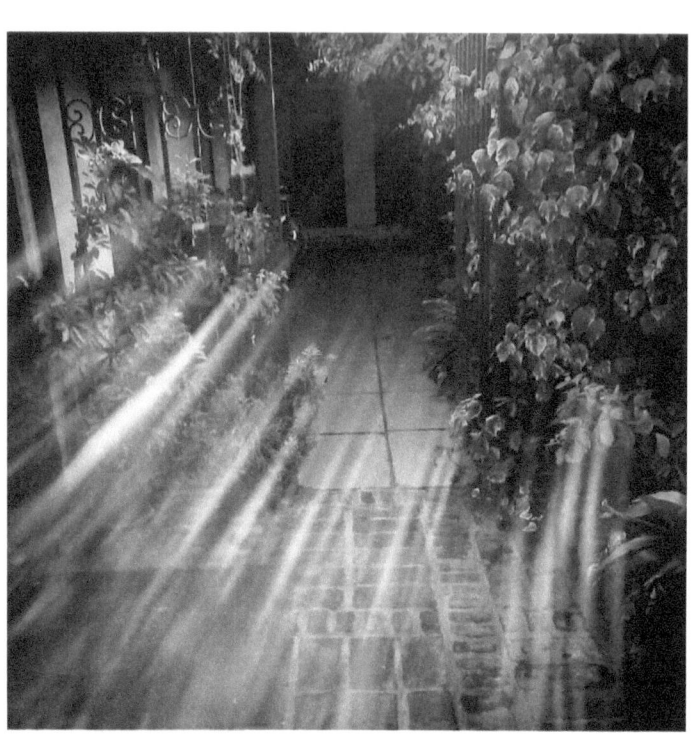

16

Luz rauda
Que pasas por mi casa
Y la dejas
Habitada con tu lienzo
De evanescente arcoíris

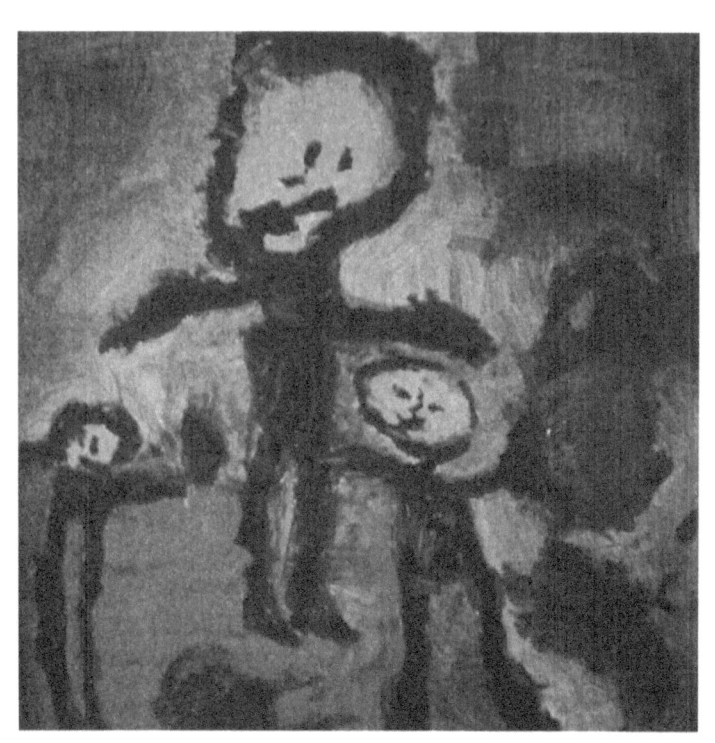

17

Hijo primero
Verdor de mi vida precoz
Qué veías en mí
En este cantor callado
Que ha itentado amarte

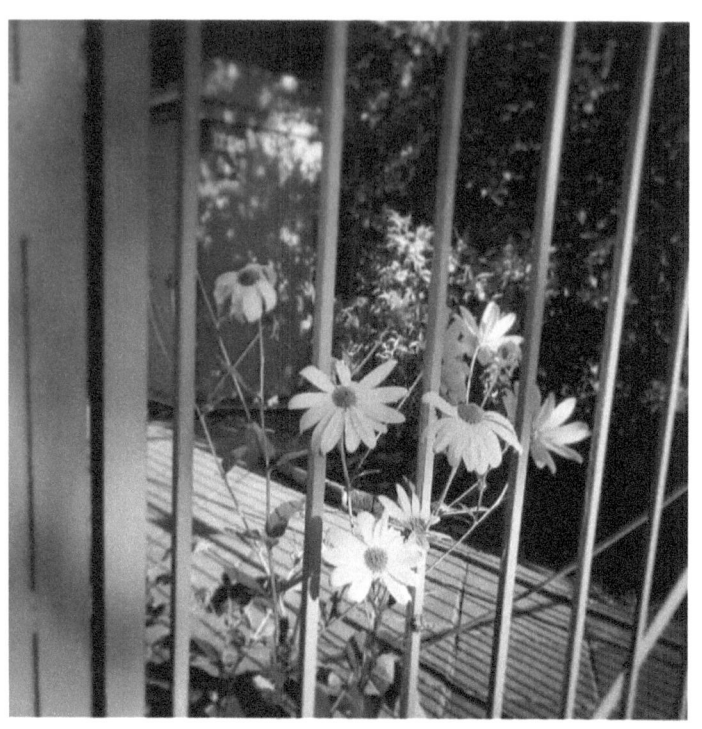

18

Flores perfectas
Que entre las rejas y es asfalto
Relucen su dicha
Como si no importara jamás
Nada que no sea la luz y el agua

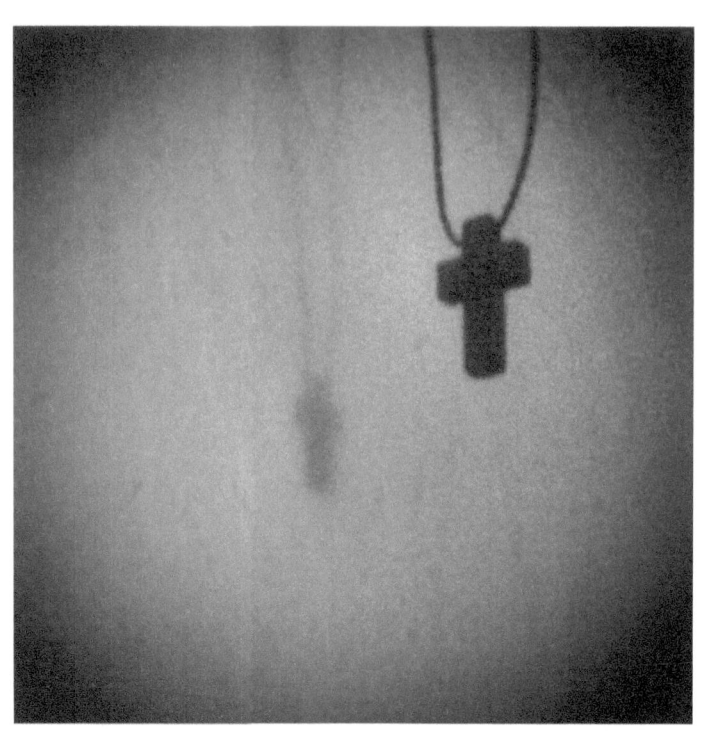

19

Tu cruz Señor
Está pidiéndome que yo
Completo muera
Y tú serás mi vida en flor
Tú serás mi resurrección

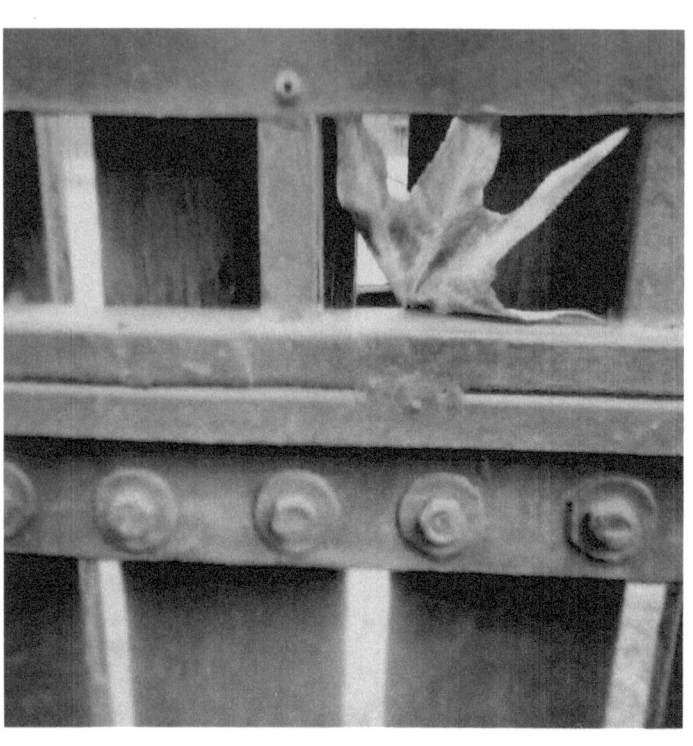

20

He quedado
Perdido y atrapado allí
En el olvido
Y nohe podido guardar
La vida que se evapora

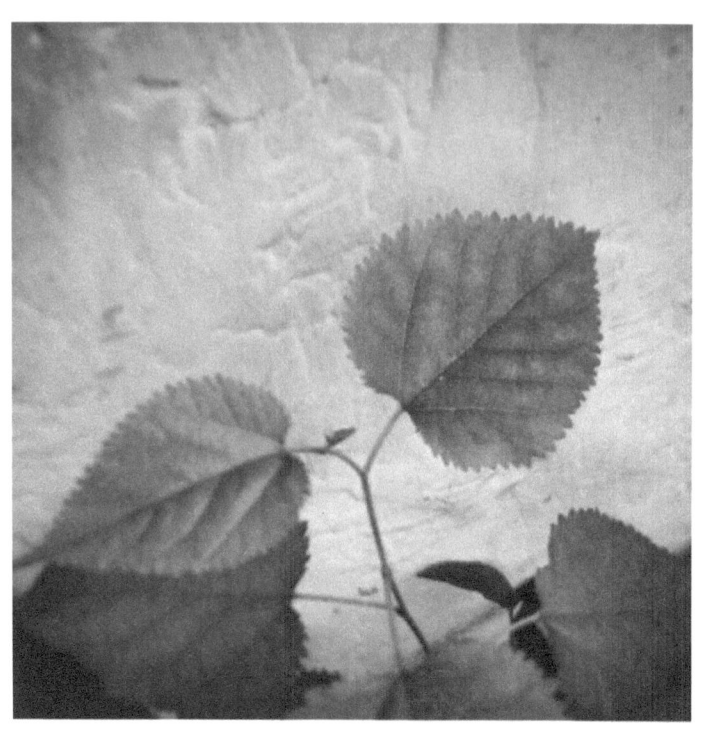

21

Nazco y renazco
Soy el verdor primero y segundo
No tengo alegría
Que no sea esta la de vivir
Al borde de mi vida infinita

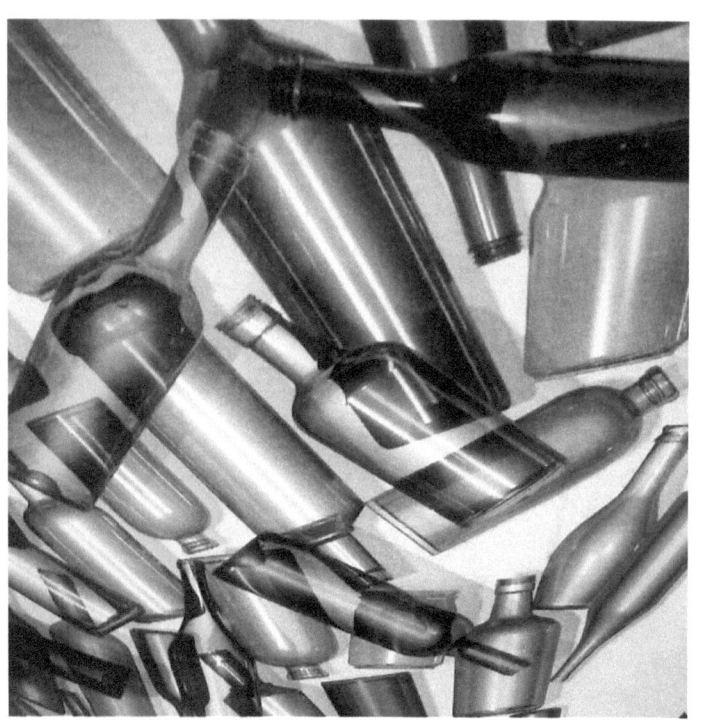

22

Transparencia pura
Como el renacer de un día nuevo
Que como cristal
También puedes romperte veloz
Y dispersar la utopía de lo hermoso

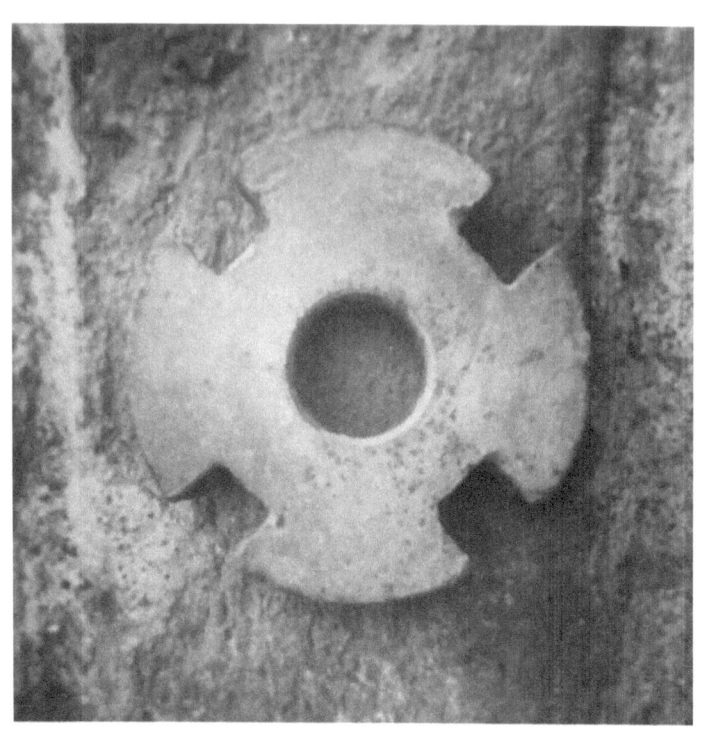

23

Metal y tierra
Piedras que unidas se sumergen
En la misma historia
Que ha transcurrido el cosmos
Y que no se detiene ante la pregunta

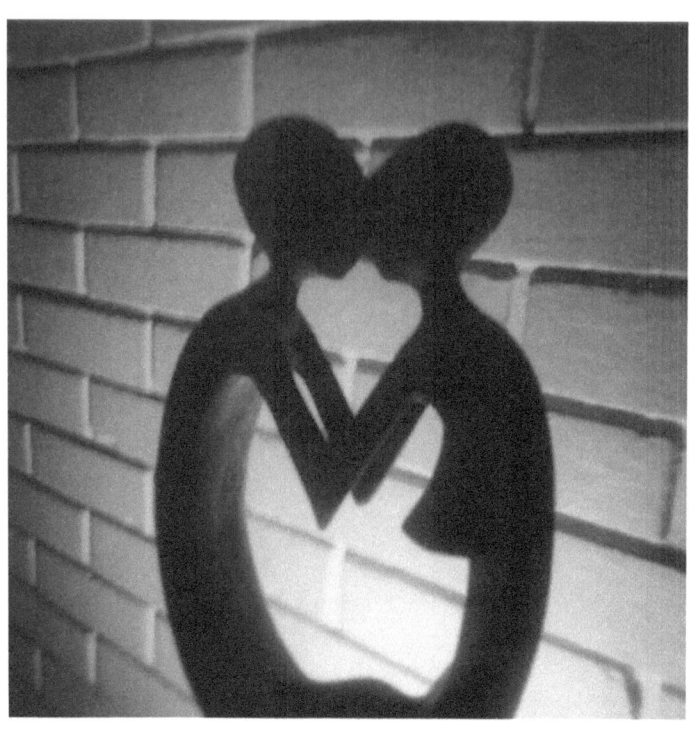

24

El beso brota
Y funde los cuerpos en uno
Solo si lo hace
De lo hondo de la noche
Y del día de la vida de ambos

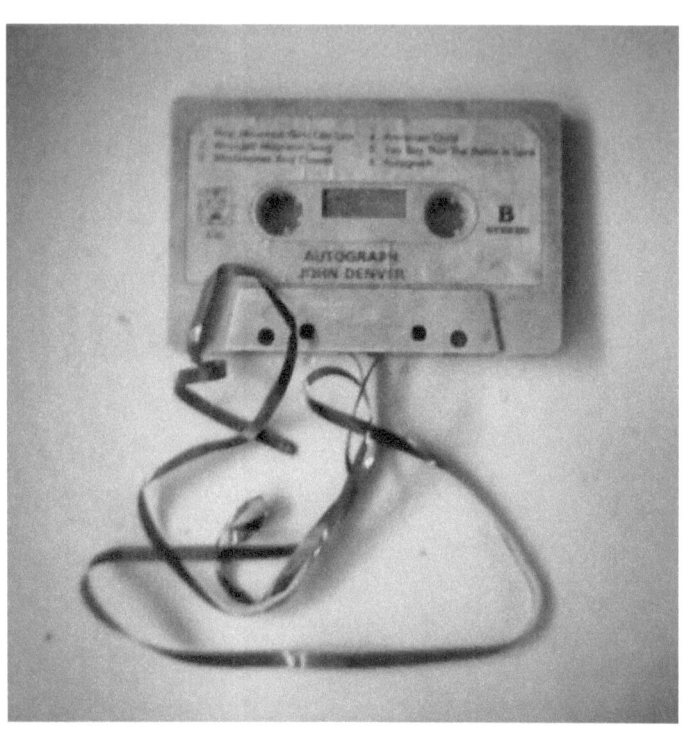

Qué es la música
Sino su despliegue vivo e inasible
Qué es la melodía
Sino su cabalgata en el instante
Pues más allá y más acá no existe

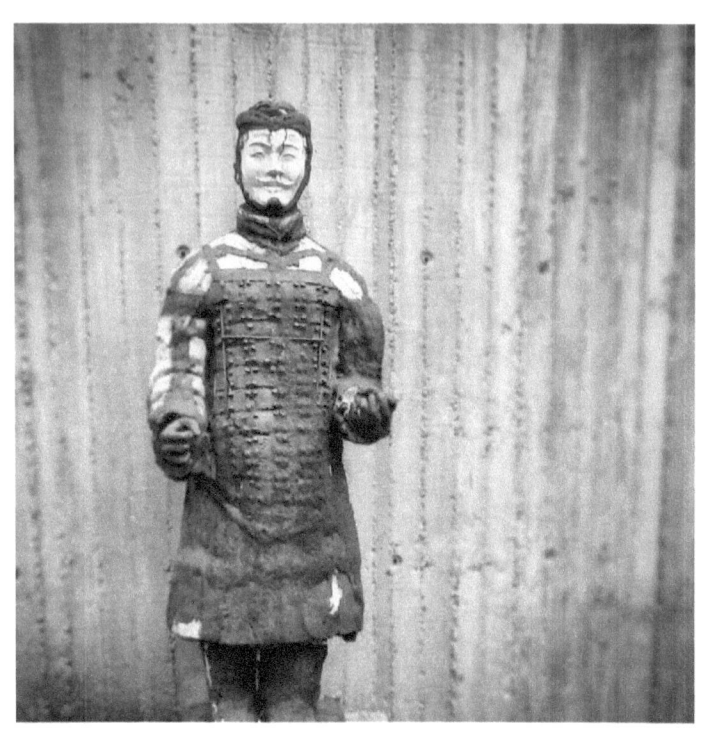

La vida que se fue
No puede recobrarse siquiera así
Con el monumento
Ni la roca ni el metal lograrán
Ser lo que el recuerdo ha perdido

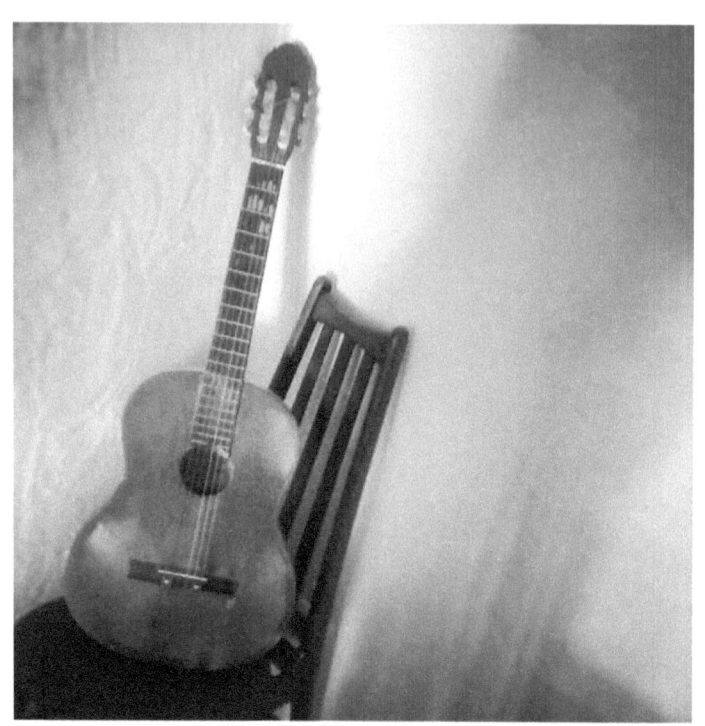

27

Dentente ahí mismo
Instrumento que haces nacer leve
El sonido hilvanado
Que se arropa de belleza y corre
Al abrazo pleno de los atentos

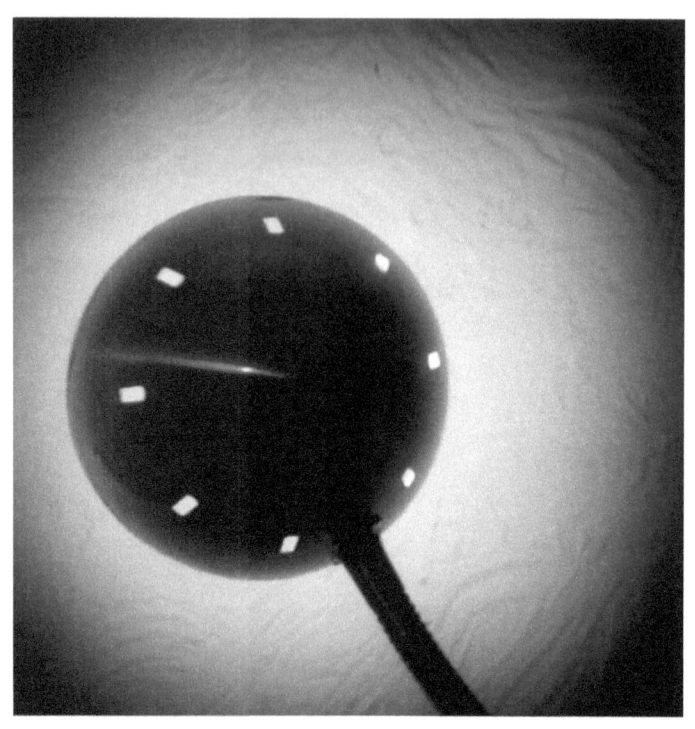

28

La luz también
No puede ser detenida realmente
Pues su velocidad
Es su más pura esencia y camino
Es su única y reluciente sustancia

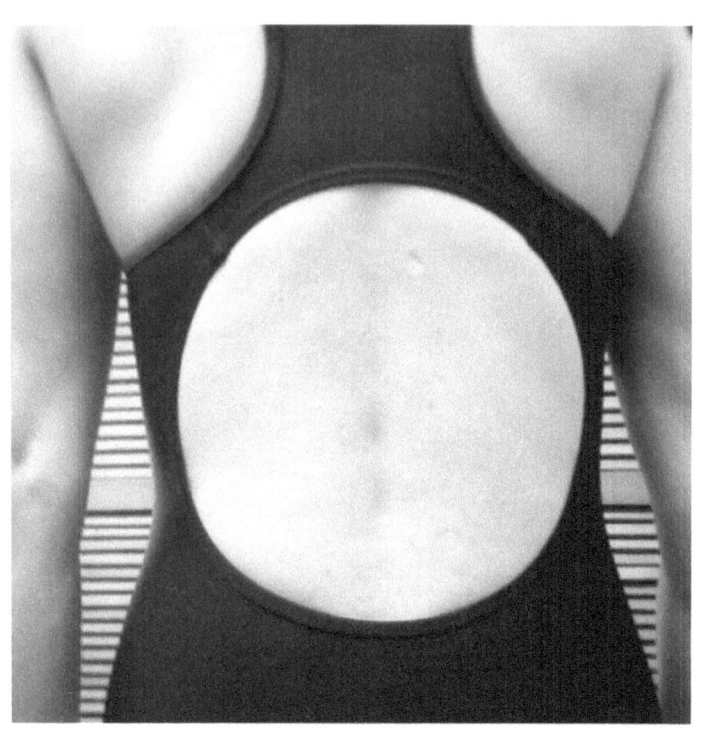

29

Bella y cercana
La amada aparece como un brote
Justo frente al pecho
Y logra asirla de vez en cuando
En días lúcidos de presente

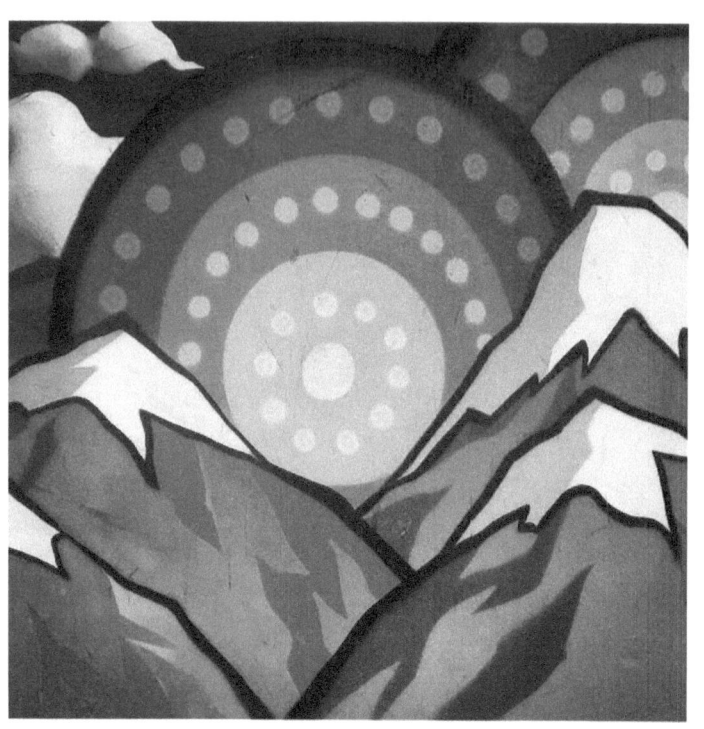

30

El amanecer colorido
Se despliega como una acuarela
De tamaños feroces
Y nos cubre como un manto
Minuto tras minuto hasta cesar

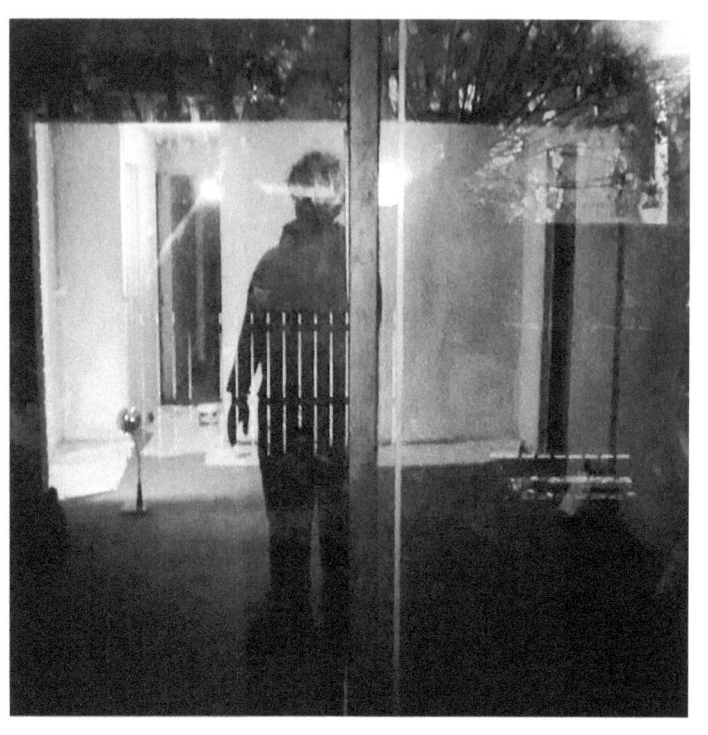

31

Dónde están
Los trabajos de ayer y anteayer
Dónde quedó
Todo es esfuerzo entregado
En las labores que prodigué

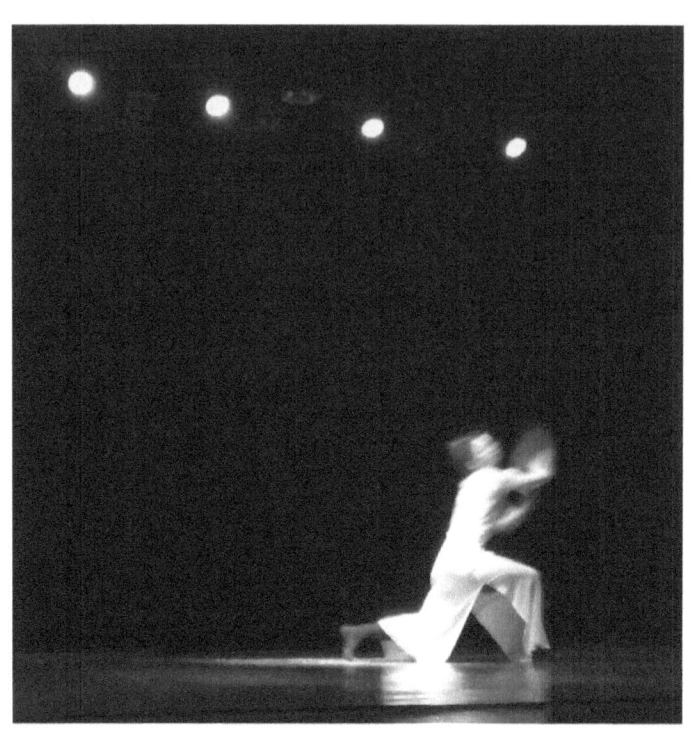

32

La danza
Es otro tipo de instante
Donde el cuerpo
Es la única música clara
Y la sola luz melodiosa

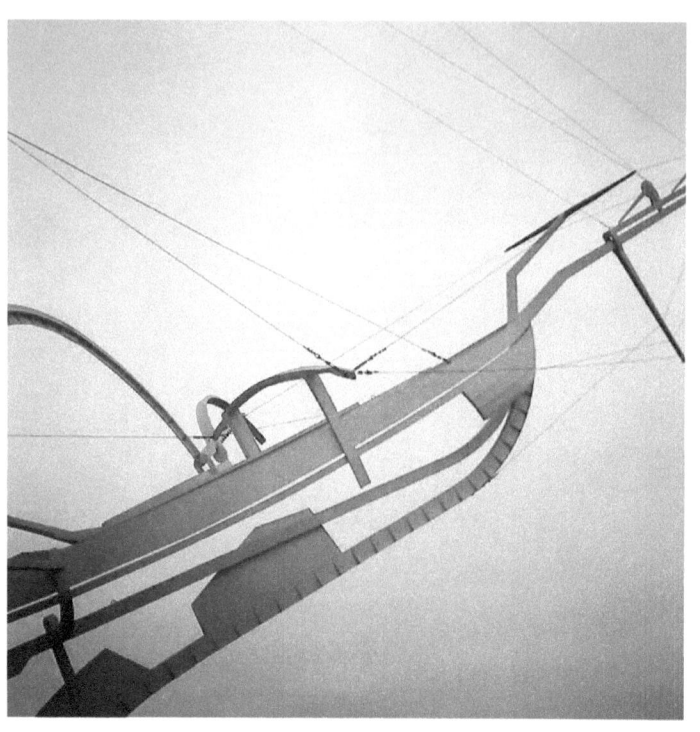

33

El viaje de ida
Que no tiene nunca de vuelta
Es el del vivir
Que se empalma en la noche
De todo lo irreparble

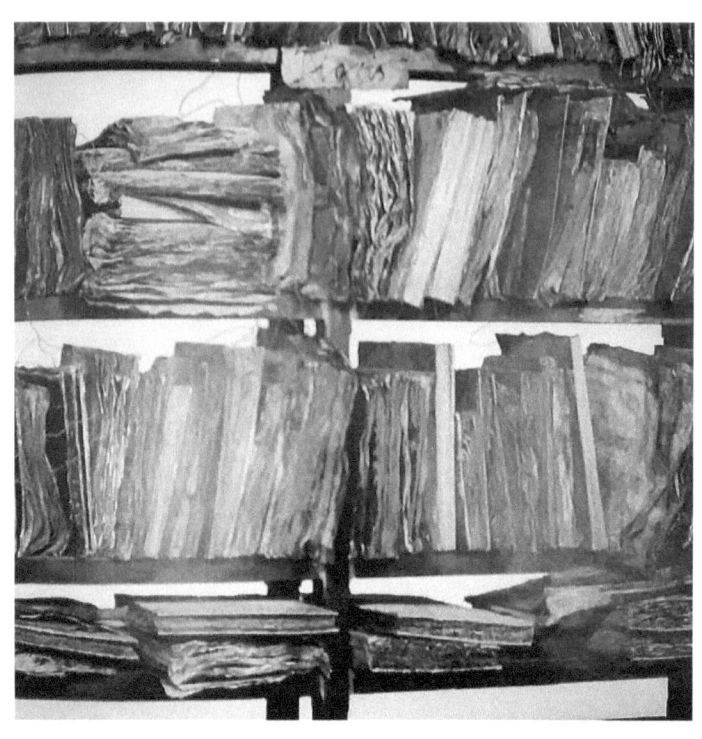

34

Un día lejano
Todos los libros llorarán
Sin consuelo
Pues no serán efectivo
Registro de lo que se fue

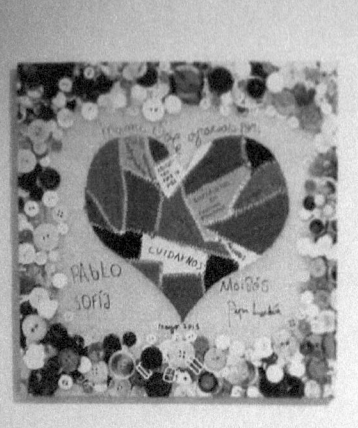

35

El amor hondo
También puede ser fugaz
Efímero y leve
Como lo son quienes
Lo siente en el tiempo

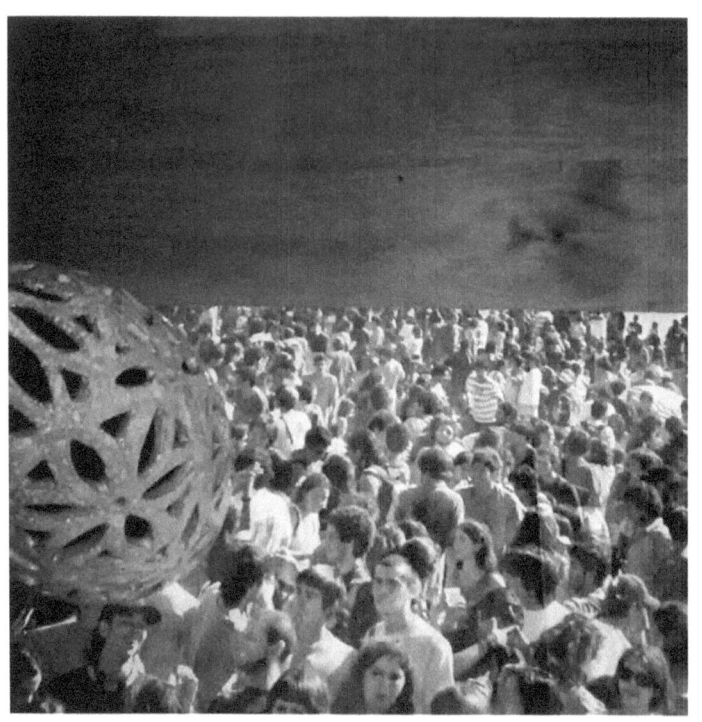

La multitud
Está hecha de parda arcilla
Que se deshace
Y luego se refunde en otra
Según el placer del momento

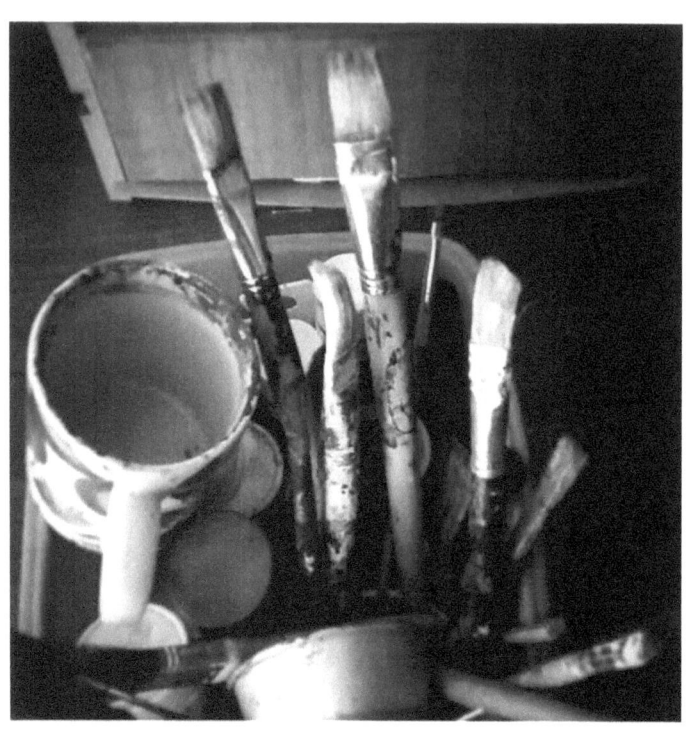

37

Dónde está hoy
El éxtasis del pintor que desvocado
Logró aprehender
Vivo y hermoso el escampe
De lo que de pronto asomó

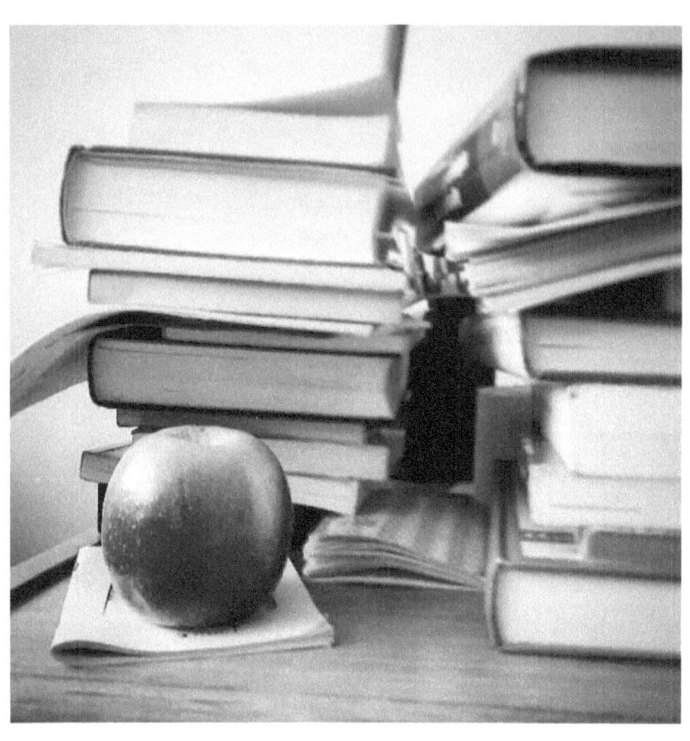

El fruto rojo
Del árbol de conocimiento
Del bien y del mal
Se posa sobre la mesa vacía
Y lo llena todo de su nada

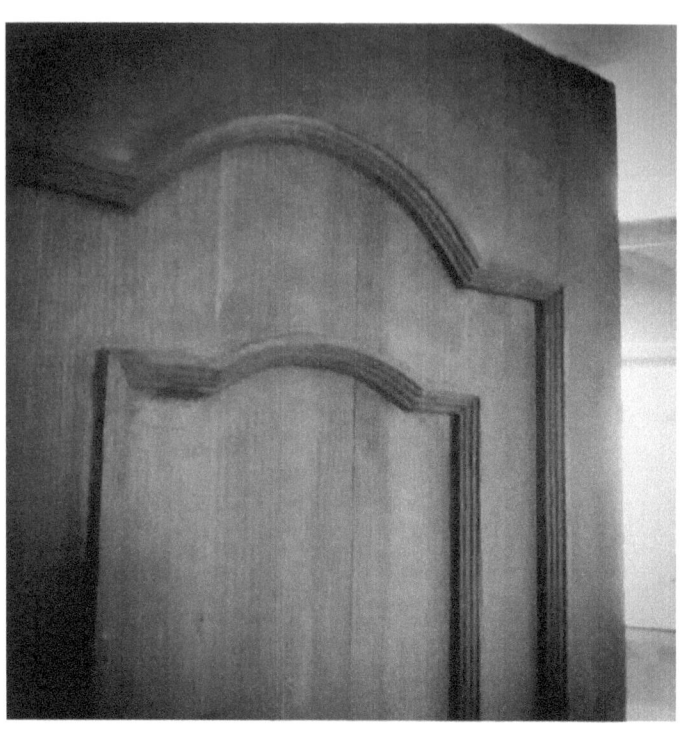

39

Las puertas abiertas
Saben hablar cualquier idioma
Y todo dialecto
Pues el lenguaje de la apertua
Es el más universal del planeta

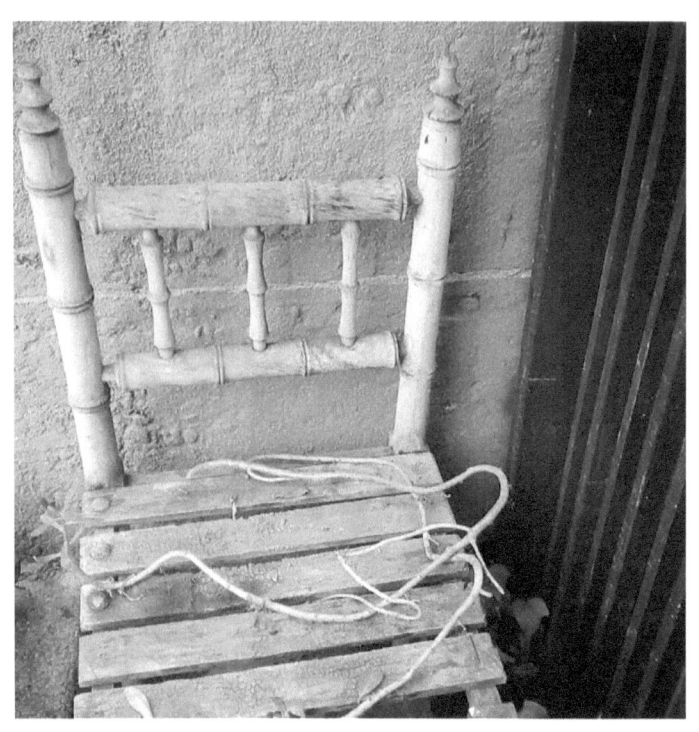

40

La espera
También tiene algo de instante
También algo
De momento impreciso
Que no logrará detenerse

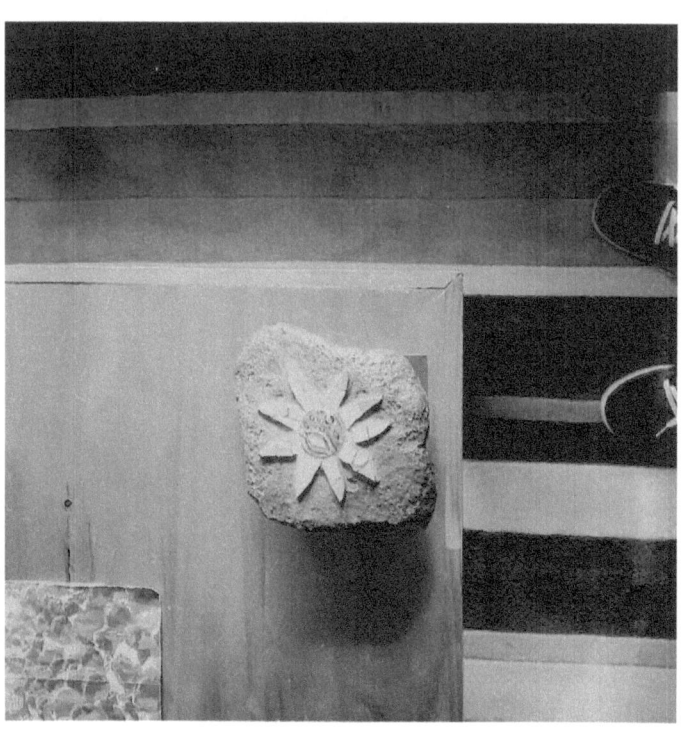

41

Hay flores
Que logran quedarse estáticas
Por un momento
En la memoria de sus amados
Y el corazón de sus verdugos

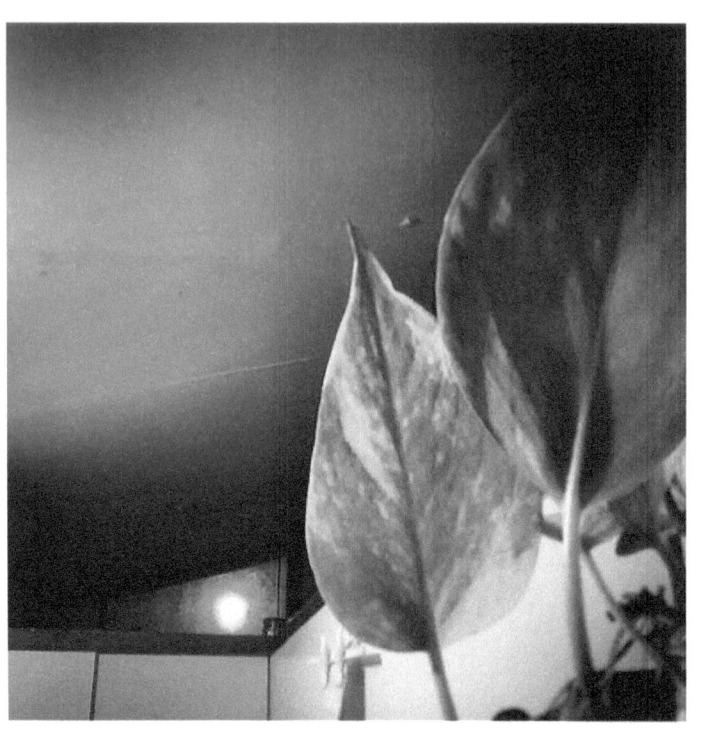

42

Hojas verdes
Que el tiempo hace crecer
Sutilmente
Como si no fuese cierto
Que en ustedes hay vida

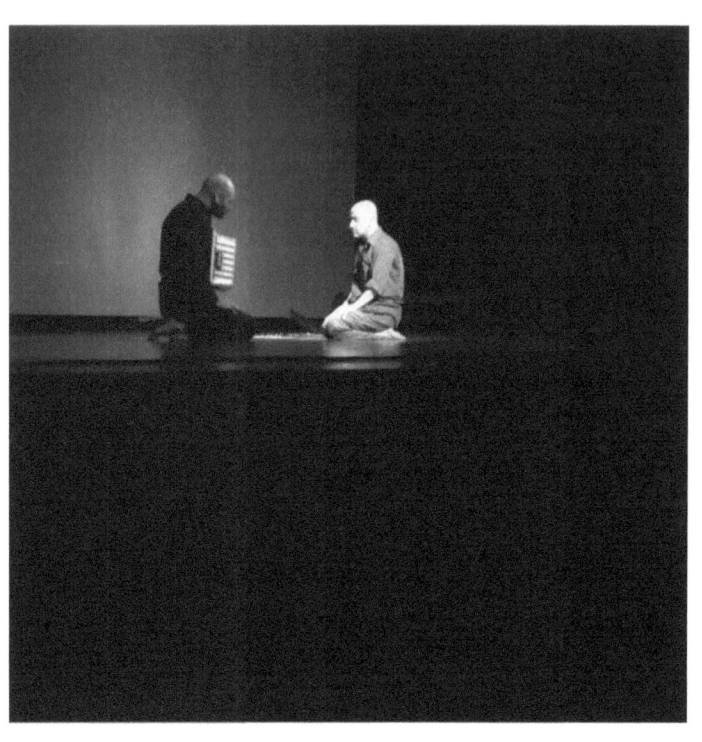

43

El encuentro
Siempre tiene algo de ayer
Y algo de hoy
Y nos traslada a un futuro
Del que también está preñado

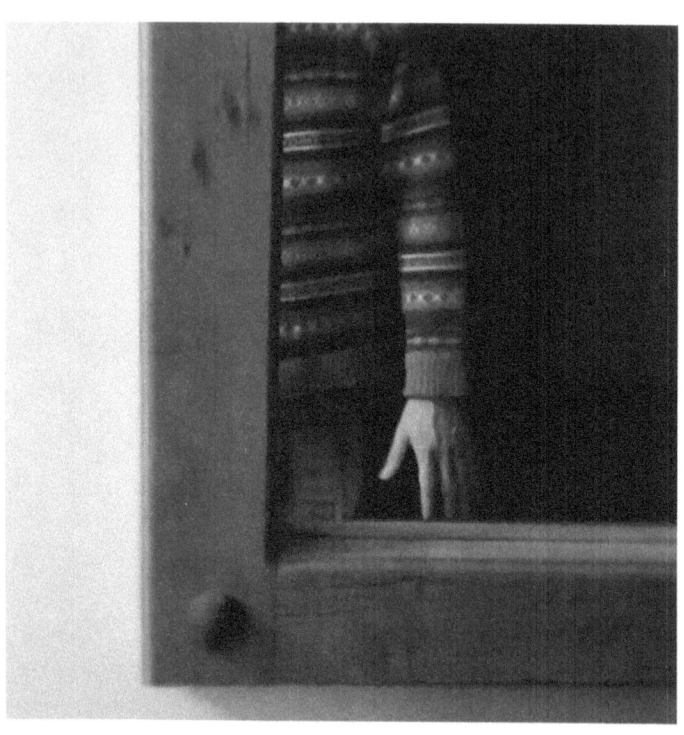

44

Qué haré al fin
Con mis manos de pobre poeta
Que no saben
Armar sillas ni construir casas
Como tampoco alzar los campos

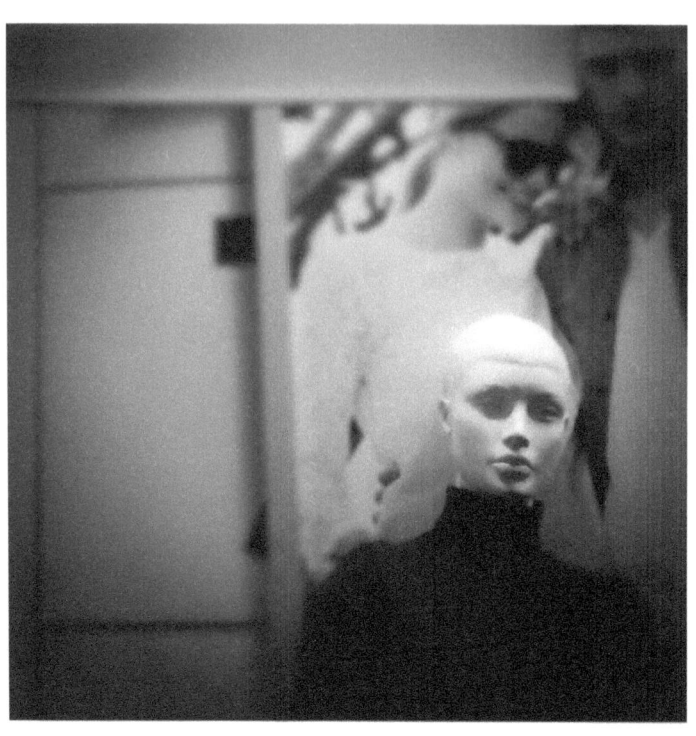

45

Siempre el placer
Quiere qudarse suspendido
Justo en medio
De todo el tiempo y el espacio
Pero siempre sabe de pronto morir

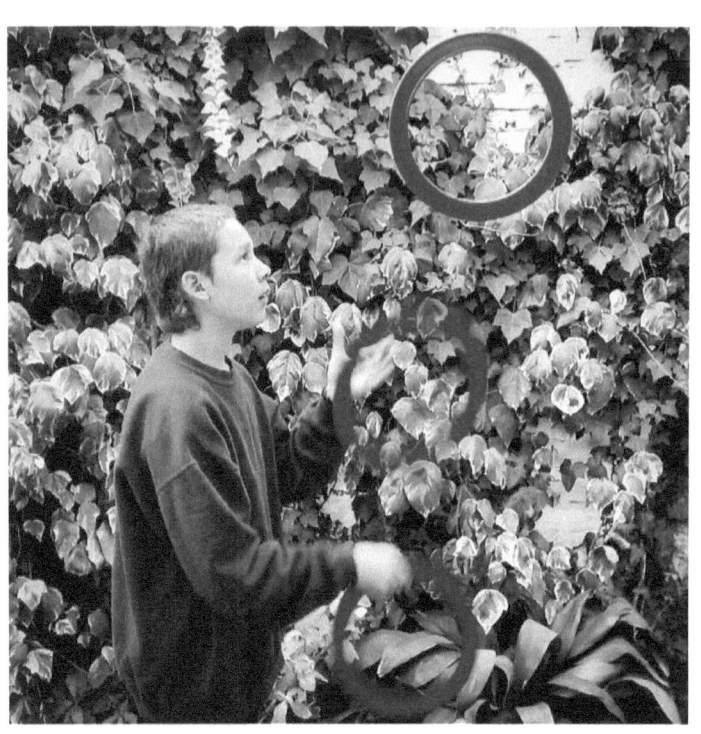

46

Cántame hijo
Con tus colores y movimientos
Más vivos y libres
Que la vida y libertad opaca
De estos tiempos que nos tocan

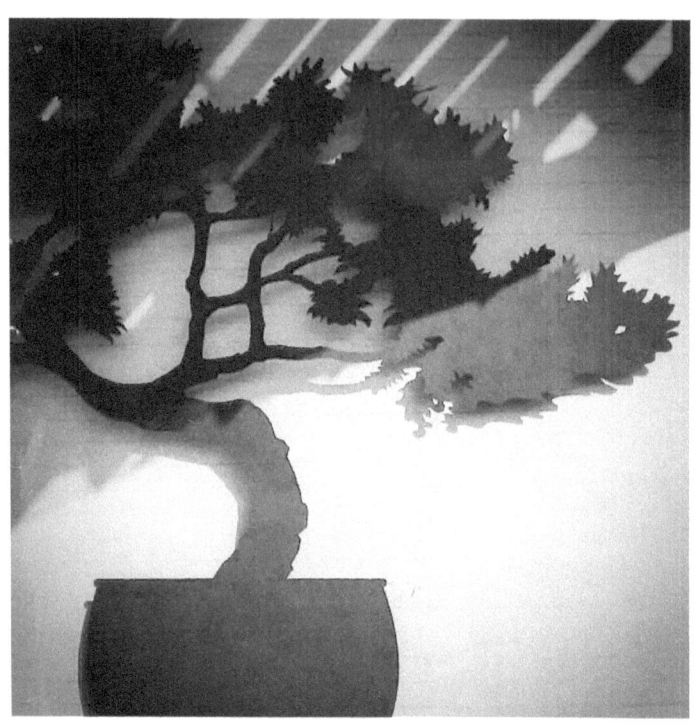

47

Luz y sombra
En ocaciones se abrazan
Dejando ver
Aquel espectáculo bello
De lo que no puede tocarse

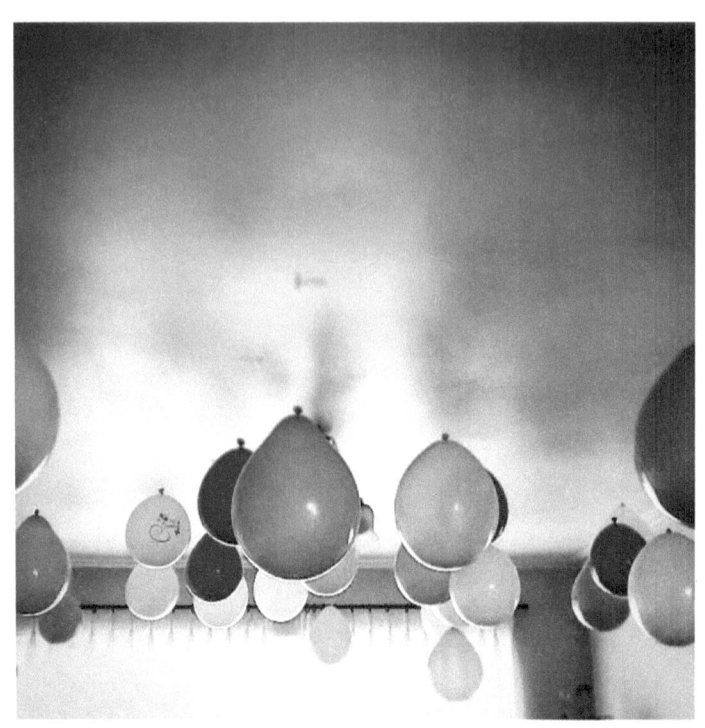

48

Hay fiestas
Que ya no causan sonrisas
Pues su recuerdo
Se ha teniño de indiferencia
Y de neblina como la ausencia

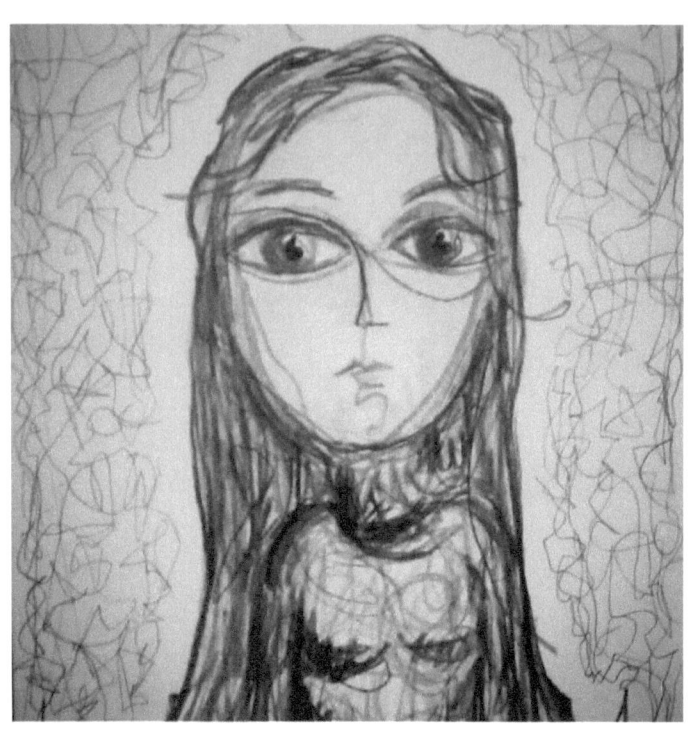

Yo te dibujé
Y quise dejar en aquel papel
Algo de tu cielo
Pero fue demasiado alto
Para un poeta tan terrestre

50

El agua
Es símbolo de lo tenue y leve
Que nos habita
De lo leve y tenue que también
Nos inunda y nos traspasa

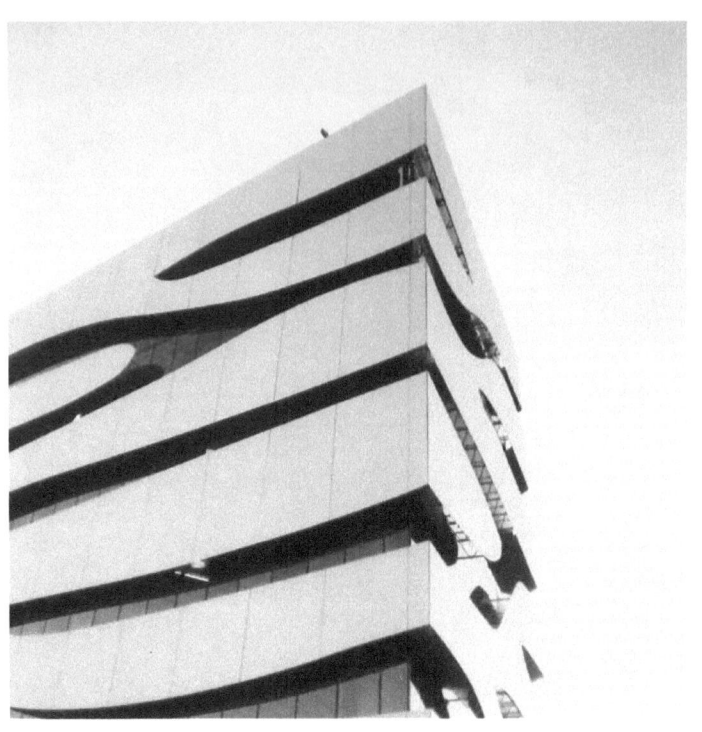

Creadores son
Aquellos que no se conforman
Con la materia
Repleta de caos y abismos
Sino que la quieren hermosa

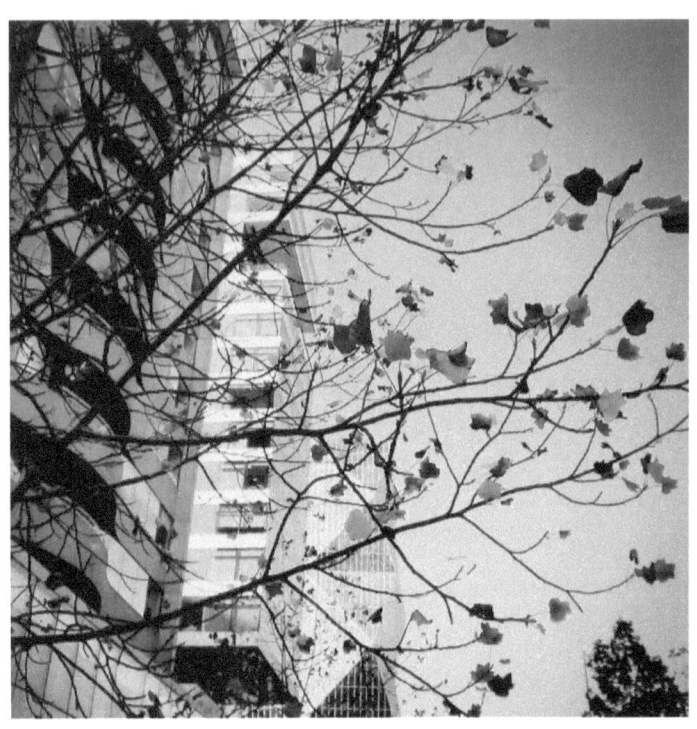

El otoño
Es un instante largo y lento
Que nos besa
Un instante trémulo y tibio
Que puede hacernos llorar

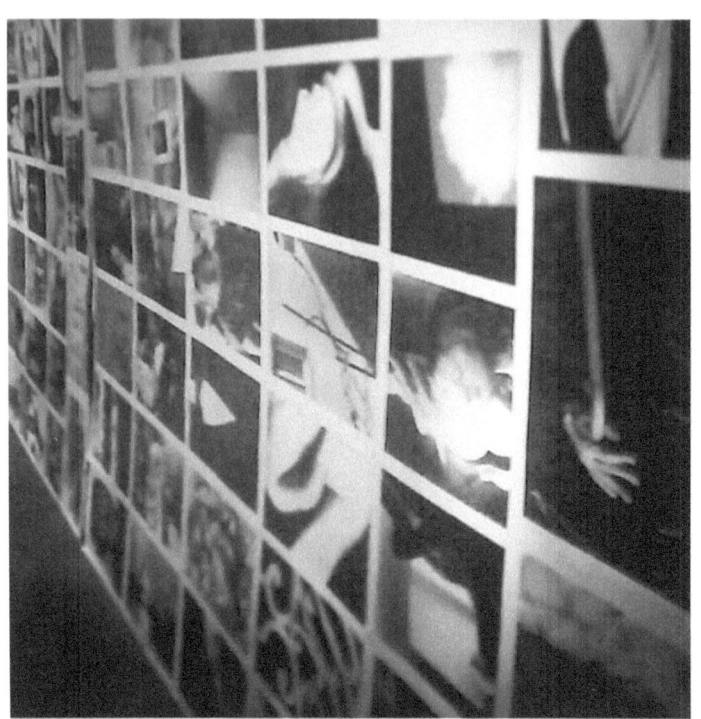

52

La vida fue
Un conjunto de fotografías
Que se unieron
Y pasaron ante nosotros
Como una canción de amor

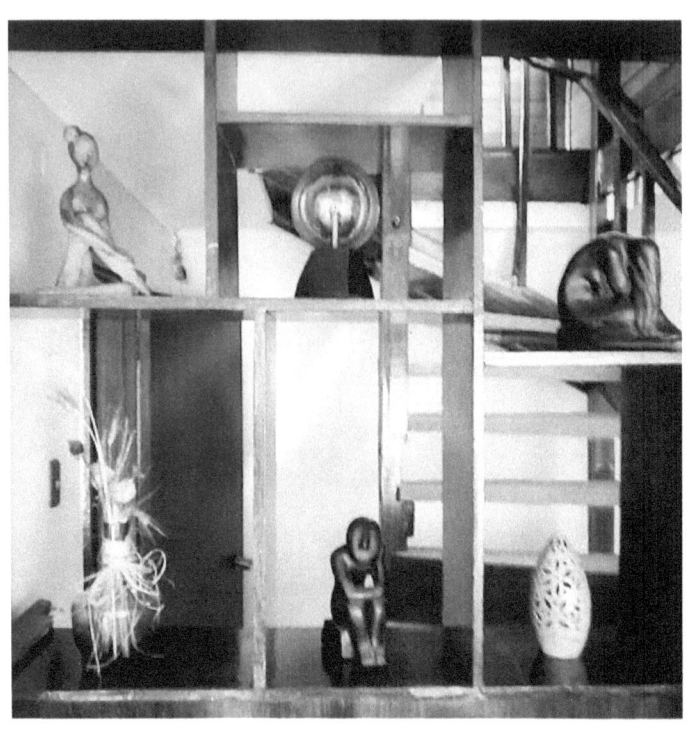

53

Esculpe veloz
El segundo en que se detuvo
La vida frágil
Y posó para ser detenida
Sobre o desde la roca o la arena

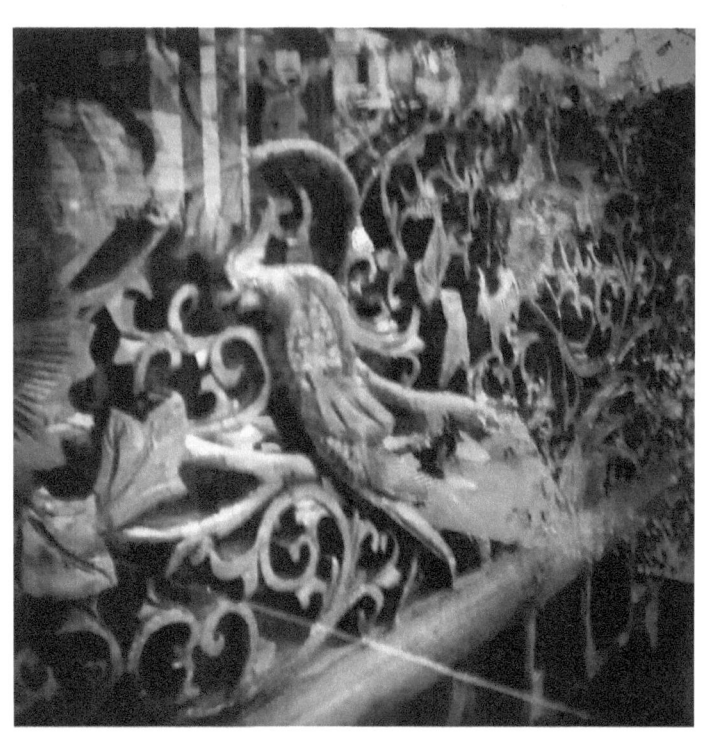

54

La madera
Esperando volver a ser árbol
Se durmió
Y tuvo el mejor sueño posible
Volando y cantando como ave

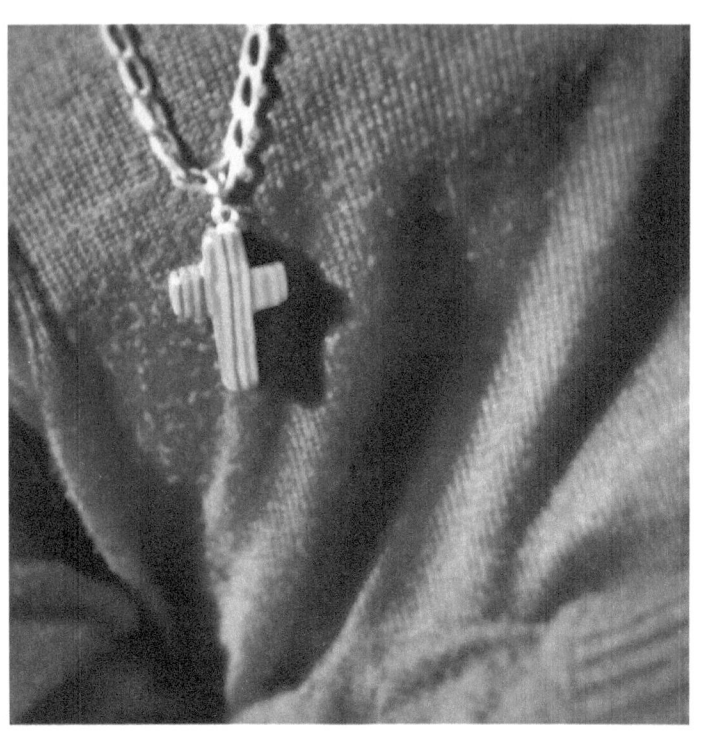

55

La cruz
Siempre la cruz aparece
Y me dice
Que solo en ella está ausente
La persistente y triste miseria

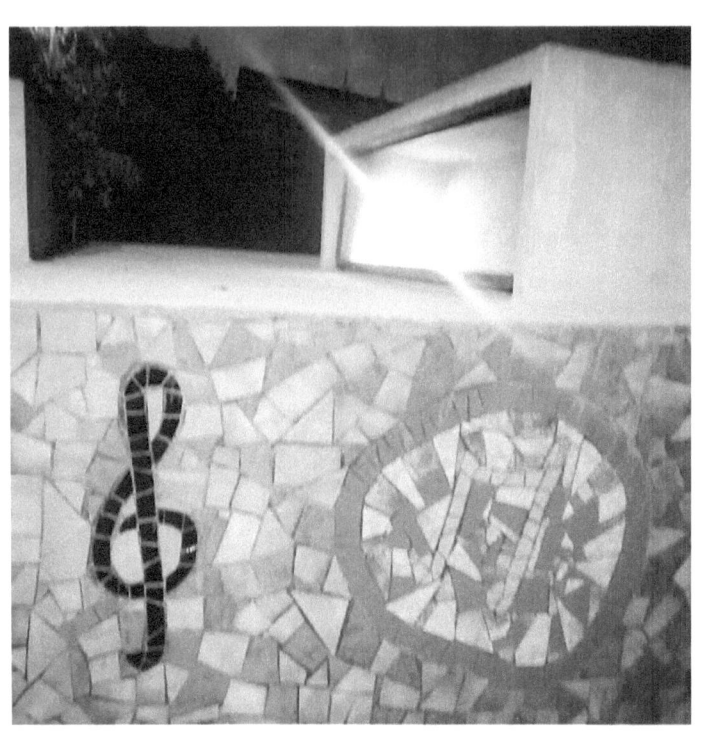

56

El cantor veraz
Sabe escuchar los bordes
De las cosas
Donde habitan siempre
Las más bellas melodías

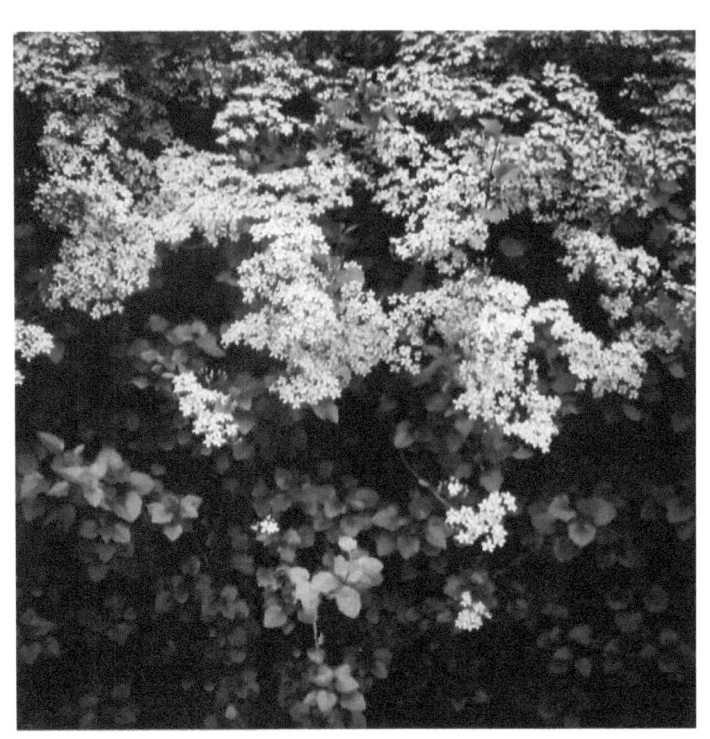

Florece otra vez
Primavera de nuestras vidas
Florece indomable
Y no creas en nuestro opaco
Y solitario caminar descuidado

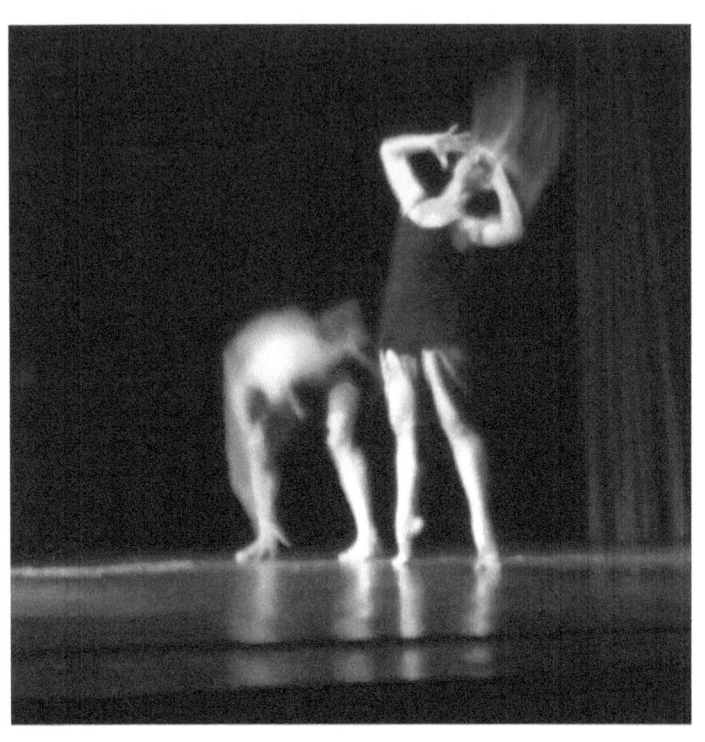

58

Danza la vida
Como si no fuera a parar
Pero es breve
Como el disfrute y las ansias
Como el dolor y el hambre

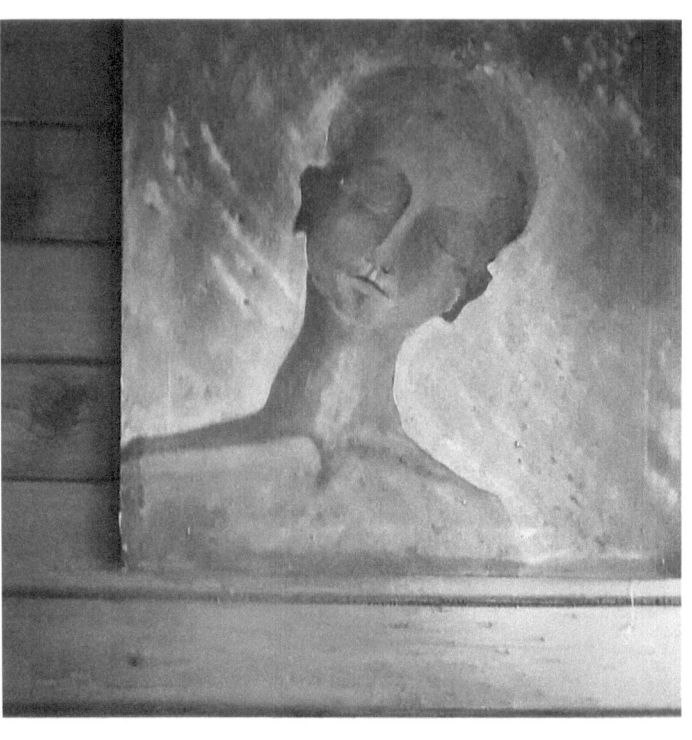

Al meditar
Intenta descubrir el misterio
Del cuarteto
Que en el respirar se oculta
Montaña / cascada / río / mar

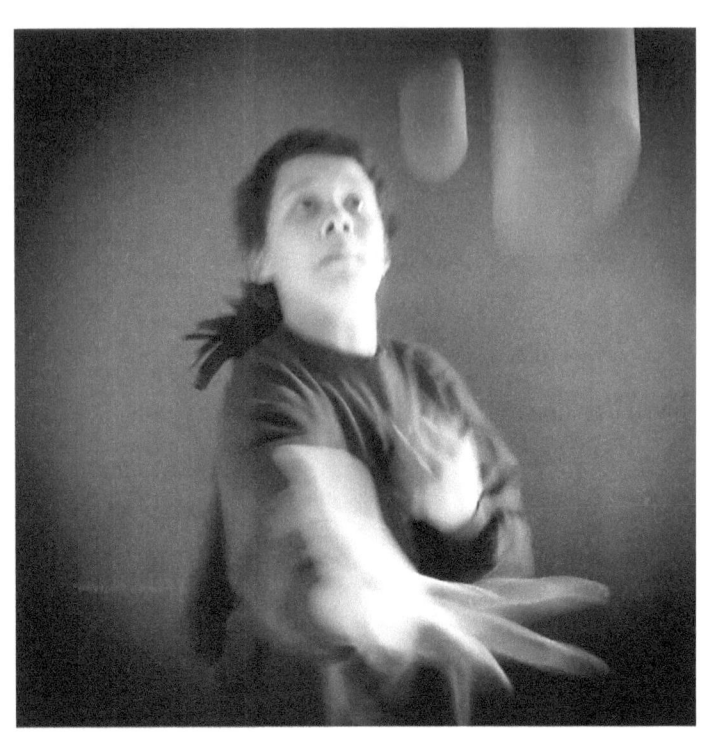

60

Bella tu vida
Hijo del instante despierto
No te detengas
Vive lleno del amor sincero
Que vale todas las penas.

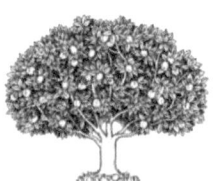

Poemas
escritos durante
los meses de febrero y abril
de 2020, inspirados en fotografías
hechas en Santiago de Chile el año 2015.

Notas:

www.ingramcontent.com/pod-product-compliance
Lightning Source LLC
Chambersburg PA
CBHW030655220526
45463CB00005B/1785